Auf dem Bergbauernhof

Katharina Zahler-Hari

WEBER AG VERLAG

Die Bergbauernfamilie

In diesem heimeligen Bergbauernhaus wohnen Mueti, Tät und die Kinder Sarah, Kilian und Stefan. Sarah ist die älteste. Sie ist zehn, Kilian acht. Sie besuchen beide die Unterstufe im weiter unten gelegenen Schulhaus. Der Jüngste, Stefan, ist fünf und Kindergärteler. Bis zum Schulhaus hinunter benötigen sie ungefähr eine Viertelstunde. Aber der ansteigende Heimweg dauert etwas länger. Manchmal ziemlich länger, oder gar sehr lange.

Tät arbeitet während der Winterzeit bei einem Skilift. Morgens muss er von zu Hause fort, ehe alle Stallarbeiten fertig sind. Mueti beendigt sie jeweils. Es gibt den Tieren die letzte Ration Futter, streut ihnen Stroh unter, nimmt den Besen und wischt den Stall sauber. Nachher hat es allerlei Arbeiten im Haus zu verrichten.

So geht der Tag schnell vorbei. Abends um fünf Uhr beginnen Mueti und die Kinder wieder mit dem Besorgen des Viehs. Jedes hat ein kleines Amt. Kilian füttert die Schafe, denn sie gehören ihm. Sein Götti hat ihm einmal ein Lämmlein geschenkt. Jetzt ist es gross und hat schon zweimal gelammert, so ist er stolzer Besitzer von drei Schafen.

Bald kommt nun Tät auch nach Hause. Er wechselt seine Skiliftmontur mit den Werktagskleidern, karrt den Mist aus dem Stall hinaus, melkt die Kühe und macht fertig. Alle freuen sich nachher auf das Nachtessen und auf den Feierabend. Dann tönt es auf einmal: So Kinder, es ist Zeit ins Bett zu gehen. Was nach einigem Trödeln auch befolgt wird. Im tiefen Schlaf träumen sie dem Morgen entgegen.

Ein Wintertag

Es hat geschneit. Während des ganzen Tages und noch in der Nacht fielen die Flocken vom Himmel. Auch die Strasse ist schneebedeckt. Hei, da kann man zur Schule schlitteln. Sarah holt den Schlitten hervor. Sie sitzt hinten drauf und Stefan vorne und so sausen sie los. Die kalte Luft zischt ihnen um die Ohren. Gekonnt lenken sie um die Kurven herum und erreichen das Schulhaus blitzschnell. Sarah hat auch das Mittagessen für alle drei im Rucksack. Heute haben sie noch einige Lektionen am Nachmittag und alle Kinder essen in der Schule, da einige einen recht weiten Weg haben. Kilian nimmt statt dem Schlitten den Schygibel. Gleich den grösseren Kameraden lenkt er ihn die Abkürzung hinunter. Aber o weh, dort ist es steil, und schon in der ersten Kurve spickt es ihn über das Bort hinaus, in eine Wächte hinein und er verschwindet fast darin. Er hat grosse Mühe, sich heraus zu arbeiten und darum kommt er zu spät zur Schule. Nun steht er vor der Lehrerin und soll ihr erklären, weshalb er zu spät kommt. Die andern Schüler grinsen, da beschliesst er schnell, seine Geschichte auszuschmücken. Er erzählt, er sei in ein tiefes Schneeloch gefallen und habe einen Tunnel graben müssen, um wieder herauszukommen. Niemand weiss so recht, ob man das nun glauben soll oder nicht.

Es gibt einen interessanten Schultag. Denn langsam wollen die Kinder sich auf das Frühlingsfest vorbereiten. Einige Lieder und ein Theater werden sie einüben. Die Lehrerin hat sich ein Katzentheater ausgedacht. In der Turnstunde fangen sie sogleich an, sich geschmeidig und leise wie Katzen zu bewegen. Von nun an muss man sich ja nicht verwundern, wenn man plötzlich angefaucht oder angeschlichen wird.

Dieser Schultag ist sehr schnell vorbei. Noch ehe die Kinder daheim sind, kommt ihnen Bäri, der Familienhund, entgegen gerannt und begrüsst sie stürmisch. Endlich kommen seine Spielgefährten nach Hause. Es war soo langweilig ohne sie.

Eine Kalbete

Gölde wird heute kalben. Tät hat es am Morgen gesagt. Kilian möchte so gerne bei der Kalbete dabei sein. Er denkt den ganzen Morgen daran und ist unaufmerksam in der Schule. Auf dem Heimweg rennt er fast und kommt gerade zur rechten Zeit nach Hause. Die Füsse des Kälbleins schauen schon hervor. Mueti zieht daran. Kilian kniet nieder und hilft. Zentimeter um Zentimeter kommt das Kälblein weiter heraus. Der Kopf hält ziemlich fest. Müssen sie wohl den Nachbarn Christian zu Hilfe holen? Nein, es geht – und endlich liegt das Kälblein da. Es schnappt nach Luft. Sie müssen ein bisschen mit ihm turnen, bis es richtig atmet. Dann legen sie es zur Gölde hin, die es lange und gründlich ableckt. Es ist ein Kuhkälblein. Kilian ist froh darüber. Das kann man behalten. Stierkälber muss man verkaufen, wenn sie grösser sind. Jetzt haben sie drei Kuhkälblein. Für jedes Kind eines. Kilians Schulkleider sind total verschmutzt. Macht nichts, schliesslich hat er brav geholfen. Nur eines nervt ihn; er weiss nicht mehr, was für Aufgaben er machen sollte. Er hat ein Rechnungsblatt im Rucksack. Er rechnet ziemlich lange. Dabei hätte er ein Diktat lernen sollen.

Danach sitzen die Kinder eine Weile vor dem Fernseher. Aber jedes will einen andern Sender schauen. Sie fangen an zu streiten. Da stellt Mueti den Fernseher ab. «Spielt doch etwas zusammen.» «Wir könnten einen Schneemann bauen», meint Stefan. «Wir haben ja schon einen.» «Ah, kommt, der ist sicher fast eingeschneit, wir wollen nachschauen». Sie eilen hinaus. Der Schneemann hat eine hohe Kappe, den Eingang zum Schneehaus findet man kaum mehr und von der Bobbahn sieht man überhaupt nichts mehr. Stefan hat zu Weihnachten einen kleinen Bob bekommen. Genau so einen, wie ihn die Nationalmannschaft hat. Sie schaufeln den Schnee weg, aber die Hälfte der Bahn geht dabei kaputt. Sie müssen sie frisch bauen. Auch Bäri hilft. Endlich ist es geschafft. Da hat Sarah die Idee, die Bahn zu beleuchten. Sie rennt ins Haus und sammelt alle Kerzenstummel zusammen. Sie setzt sie alle längs der Bahn in den Schnee. Am Abend beim Eindunkeln zünden sie die Kerzen an und freuen sich über ihre schön beleuchtete Bobbahn.

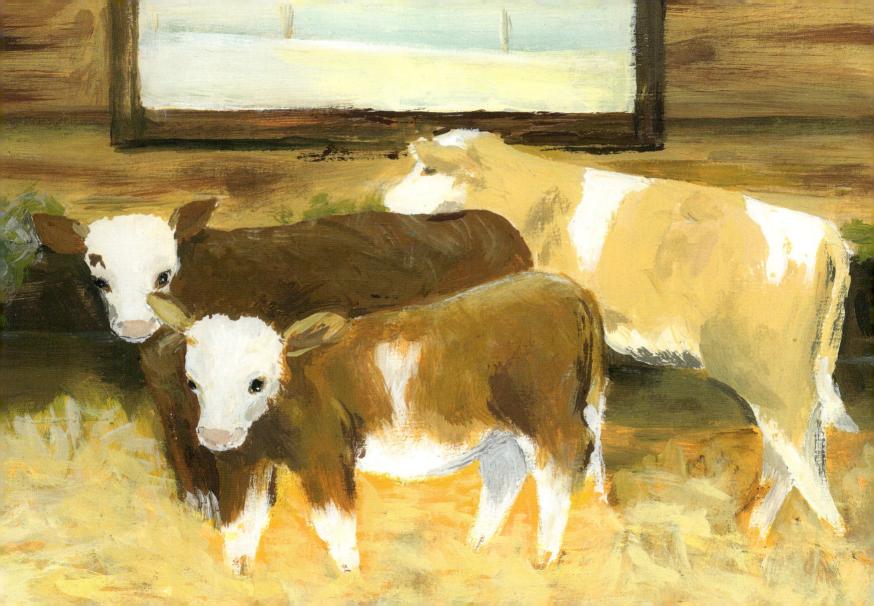

Naschhafte Ziegen

Langsam wird es Frühling. Die Sonne brennt dem Winter Flecken in den Schneemantel, die jeden Tag grösser werden. Skis, Schlitten und all die Wintersportgeräte werden in die hintere Ecke versorgt. Die Kinder haben Ferien. Das Frühlingsfest ist vorüber. Viele Zuschauer haben sich die Theaterstücke angeschaut. Sie haben sich daran gefreut und kräftigen Beifall gespendet. Alle Kinder haben sich aber auch grosse Mühe gegeben mit Spielen, Singen und Musizieren.

Und noch etwas anderes hat das Fest verschönert: der Stand des Bäckers, mit den vielen Schleckereien. Tät ist jetzt wieder den ganzen Tag zu Hause.
Die Lifte haben ihren Betrieb eingestellt. Nun gibt es draussen viele Arbeiten zu verrichten. Die Wiesen müssen von Ästen, Tannzapfen und Steinen gesäubert werden. Auch die Mäusehaufen werden bearbeitet und die Zäune geflickt. Zuweilen helfen die Kinder mit. Sind die Wiesen gesäubert, werden Mist und Jauche darauf verteilt. Jetzt fangen am frühen Morgen die Vöglein zu singen an. Die ersten Blümlein strecken ihre Köpfe der Sonne entgegen. Das Gras fängt an zu wachsen. Bereits kann man die Ziegen ins Freie lassen. Aber was machen sie? Sie schlüpfen hurtig unter dem Zaun durch und naschen beim Nachbarn die besten Kräuter. Ja, da muss nun schnell ein Gehege erstellt werden, um sie dort drin grasen zu lassen. Nach einigen Wochen hat es genügend Gras, so dass auch das Vieh sein Futter selber auf der Wiese suchen kann. Den Tieren wird das Weidegeläute umgehängt und das heimelige Gebimmel ist wieder überall zu hören.

Katzenkinder und Nachbars Rösslein

«Müni, Müni, Müni», ruft Stefan der Katze. «Mueti, ich finde Müni nirgends», klagt er. Sie gehen zusammen ums ganze Haus herum und rufen, aber kein Müni kommt mit erhobenem Schwanz heran spaziert, wie sonst. Erst nach drei Tagen erscheint es wieder. Sein dickes Bäuchlein ist ganz schmal geworden. Also hat es junge Kätzchen gegeben, aber wo? Die Kinder suchen lange. Sie kriechen im Estrich bis unters Dach und suchen auf der Heubühne. Jetzt schichten sie noch die Strohballen um und endlich finden sie das Nest. Warum versteckt die Katze ihre Kinder wohl immer dermassen? Die Kinder schauen jeden Tag nach ihnen. Aber Müni liebt das gar nicht. Es faucht sie manchmal richtig an. Es hütet seine zwei Kinder. Sie sehen noch gar nichts und sind ganz hilflos. Etwa zwei Wochen später öffnen sie langsam die Äuglein und fangen an herumzutapsen. Ihre Bewegungen werden je länger je geschickter. Sie fangen an, ihre Umgebung auszukundschaften und zu spielen. Sie haben ihr Versteck hinter den Strohballen verlassen. Es ist lustig, wie sie herumtollen, einander haschen und wilde Jagden veranstalten. Manchmal sind die Kätzchen aber auch müde und schlafen eng aneinandergeschmiegt.

Nachbars haben ein Rösslein. Es heisst Judi. Wenn es auf der Wiese nebenan grast, geht Sarah manchmal zum Zaun und spricht mit ihm. Dann kommt Judi heran und sie kann es am Kopf streicheln und kraulen. Heute kommt Nachbar Christian gerade Judi holen, als Sarah neben ihm steht. «Möchtest du etwa reiten?», fragt er. Natürlich möchte sie gerne. «Also, komm herüber.» Das lässt sie sich nicht zweimal sagen und schlüpft schnell unter dem Zaun durch. Christian hilft ihr, auf das Rösslein zu steigen. Stolz sitzt sie oben, während er es gegen den Stall führt. «Du könntest eine ganz gute Reiterin werden», sagt er, als sie absteigt. Wie gerne würde sie das machen! Am Abend beim Essen schwärmt Sarah von diesem Ritt. Sie bettelt, man könnte doch auch ein Pferd kaufen. «Ja, weisst du», erklärt Tät, «Christian kann es auf der Alp einsetzen, wir können das nicht. Wir haben überhaupt keine Verwendung für ein Pferd und zudem nirgends Platz. Das ist nichts für uns.» Sarah ist enttäuscht. «Aber wenn ich einmal gross bin, kaufe ich mir eines», denkt sie für sich.

Hühnervolk

Eines Morgens, als Mueti die Hühner füttert, sitzt die schwarze Henne auf dem Nest und bleibt einfach dort, während sich die anderen auf das Futter stürzen. Ah, sie will brüten. Schon recht, liebe Henne. Sie sitzt auf drei Eiern. Mueti schiebt noch einige Eier dazu und schirmt das Huhn ein bisschen ab. Für die anderen Hühner bereitet es ein zweites Nest, damit sie ihre Eier dort legen können. Drei Wochen höckelt die Henne und erhebt sich immer nur ganz kurz, um etwas Futter zu picken. Alle warten ungeduldig, bis die drei Wochen um sind. Endlich! Gespannt schauen sie nach, ob Küken geschlüpft sind. Die Henne hockt wie immer auf dem Nest, aber hört man da nicht etwas piepsen? Mueti hebt die Henne hoch. Sie gackert und schimpft zwar fürchterlich, doch im Nest hat es fünf allerliebste, kleine Flaumbällchen. Sie entfernen die Eierschalen und Mueti setzt die Glucke wieder zu ihren Kleinen. Wie ist es möglich, staunen alle, dass die zwei leeren Hälften eines Eies so schön ineinander gesteckt sind?

Die Küken wachsen schnell und schon recht bald wagt sich die Glucke mit ihnen ins Freie. Sie schaut sehr gut zu ihrem Völklein und wehrt sich für sie. Da darf niemand zu nahe kommen. Mit der Zeit sieht man auch, dass es zwei Hähnchen und drei Hühnchen sind.

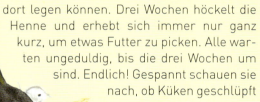

In die Weide zügeln

Jetzt wird es Zeit, höher hinauf in die Weide (Maiensäss) zu zügeln. Die grossen Glocken und Treicheln werden den Kühen umgehängt. Dann lässt Tät sie aus dem Stall hinaus und ab gehts. Mueti und Stefan marschieren an der Spitze. «Chum sässä, chum sässä», rufen sie den Tieren. Die Ziegen folgen dicht hinterher, dann die Kühe. Gölde ist die Leitkuh, sie will immer zuvorderst sein. Kilian marschiert hinter den Kühen und muss schauen, dass sie auf der Strasse bleiben. Nachher kommen die Gustis und Kälber. Sarah ist irgendwo mitten drin und Tät und Bäri machen den Schluss. Bäri eilt hier hin und dort hin und bellt eifrig. Immer wieder bricht ein Tier aus und muss auf die Strasse zurück geholt werden. Die Glocken und Treicheln werden kräftig geläutet. Es tönt schön und heimelig. So erreichen sie die Weide. Das Vieh fängt sofort an zu grasen und die Zügler ruhen sich ein bisschen aus. Sie geniessen die schöne Aussicht über das ganze Tal. Weit unten schlängelt sich die Landstrasse und die Autos sind klein wie Spielzeuge. Die Kinder holen bald ihre Spielsachen, die sie immer in der Weide lassen, hervor und eilen ins nahe Wäldchen. Die Holzscheune wird aufgestellt und die Strasse für die Traktoren und Lastwagen wird ausgebessert. Dazu stellen sie Zäune mit kleinen Hölzchen und Schnüren auf.

Alle schlafen sie in der Weide. Aber während des Tages können sie nicht oben bleiben. Es gibt unten jetzt viel zu tun, silieren und schon bald heuen, im steilen Hang bei der Scheune. Dort können, ausser dem Bergmäher, keine Maschinen eingesetzt werden. Tät mäht und Mueti zettet das frisch gemähte, duftende Gras. Am nächsten Tag muss das Heu gewendet werden. Die Kinder nehmen auch einen Rechen und nehmen einen schmalen Abschnitt für sich. Sie pressieren und sind eher fertig als Tät und Mueti. So höckeln sie nieder und schauen zu. Dann greifen Tät und die Kinder zu den Heugabeln und stossen das Heu zu Haufen zusammen. Tät schichtet das Heu auf das Seil der Motorseilwinde. Mueti bedient die Seilwinde und so wird das Heu zur Scheune gezogen. Jeden Tag wird eine andere Fläche in Angriff genommen. Nach vier Tagen sind sie dort fertig. Auf den andern Wiesen können dann die Maschinen eingesetzt werden, was schneller und leichter geht.

Kilians Schafe

Kilians Schafe sind nicht in der Weide. Sie grasen den steilen Hang. Aber bald dürfen sie mit auf die Alp. Die Kinder haben Sommerferien. Neun herrliche Wochen. Jetzt bereiten sich alle auf die Alpzeit vor. Tät und Kilian gehen die Zäune erstellen. Sie schauen auch nach der Hütte. Glücklicherweise ist sie von den Lawinen verschont geblieben, letzten Winter.

Nun ist es soweit: Auf den Jeepanhänger werden Koffer mit Kleidern, Schachteln mit Schuhen und Schachteln mit Lebensmitteln geladen. Auf die andere Seite kommt die Kiste mit den Hühnern, das Katzenkörbchen und zuhinterst die grosse Kiste mit den Schweinen. Tät und die Buben fahren damit bis zur Transportseilbahn, denn auf die Alp führt keine Strasse. Mueti und Sarah sind zu Fuss mit den Schafen unterwegs und treffen fast zur selben Zeit bei der Bahn ein. Nun beladen sie die Bahn. Ein Maschinist, der schon oben ist, zieht die Fracht hoch.

Die Schweine werden hier unten ausgeladen, jetzt können sie selber marschieren. Das dauert nun eine Weile, bis sie begreifen, dass sie den Schafen folgen sollen. Kilian hält seine Bianca am Stricklein und ruft und ruft. Endlich sind auch die Schweine auf dem richtigen Weg und so zotteln Mueti und die Kinder Richtung Alp. Es braucht etwas Geduld und dauert recht lange, bis sie dort sind. Tät ist unten geblieben. Er kommt am Morgen mit dem Vieh hoch.

In der Alphütte haben sie noch gerade Zeit, sich etwas zu kochen und die Hütte ein bisschen einzurichten, ehe sie ins Bett kriechen. Morgen wollen alle früh aufstehen.

Auf der Alp

Am nächsten Morgen verlassen sie wirklich alle früh ihr Bett. Die Sonne scheint noch lange nicht. Huh, es ist recht kalt hier oben. Sie suchen sich ihre Jacken hervor, ziehen sie über und schlendern aufs Port hinüber. Von dort hat man einen schönen Ausblick bis ins Tal hinunter. Da, sie kommen schon. Eine Zügelte nach der andern steigt auf dem Zickzackweg den steilen, langen Hang hoch. Mit dem Feldstecher erkennen sie, wer zuerst kommt. Tät ist mitten drin, grad beim Fahrweg. Onkel Karl und Marc helfen ihm. Aber dem kleinen Stierlein Donald geht es zu schnell, es bleibt hinten, sie sehen es genau. Sarah und Kilian eilen hinunter, um zu helfen. Tät ist froh darüber. Ganz gemütlich steigen sie nun mit Donald hoch.

Oben kommt die erste Zügelte schon übers Port herein. Sie wird noch über den Bach getrieben, dann können die Tiere grasen und den Hunger stillen. Nun sind alle da, auch Sarah und Kilian mit Donald. Die Tiere werden zu den richtigen Hütten, an die richtigen Plätze getrieben.
Das gibt noch ein rechtes Getümmel, bis alles soweit ist. Die grossen Treicheln und Glocken werden den Kühen abgenommen und vor den Hütten aufgehängt. Dort bleiben sie, bis zur Alpabfahrt.
Alle Sennen sind wieder da mit ihren Familien, wie letztes Jahr. Die Alpzeit kann beginnen.

Alpleben

Tät stellt den feinen Alpkäse her und Mueti hat sich auf Ziegenkäse spezialisiert. So hantieren nun beide in der Alpküche herum. Stefan gefällt das sehr. Er will überall mithelfen. Als Tät dann während des Abrührens auf einen Dreibeinstuhl sitzt, klettert ihm Stefan flugs auf den Schoss. Natürlich darf er dort bleiben. Die andern zwei Kinder tummeln sich unterdessen draussen herum. Es hat noch andere Kinder auf der Alp. Da ist Andi, Kilians Freund. Wenn immer möglich, stecken sie zusammen. Häufig sind auch Ferienkinder bei den Älplern, so dass im Ganzen eine richtige Schar beieinander ist. Sie spielen mit viel Lärm Versteckis, Fangis, Stöckel um, und dergleichen. Bei Schlechtwetter sitzen sie um den Stubentisch und vertreiben sich die Zeit mit Karten- oder Würfelspielen. Manchmal kommt es zu heftigen Wortwechseln. Aber nur kurz. Langweilig ist es auf alle Fälle nie. Schon am zweiten Sonntag nach Alpauffahrt kommen Sarahs Schulkameradin Ruth und ihre Eltern auf Besuch. Es ist ein wunderschöner Tag. Kein Wölklein ist am Himmel. Der Grill wird bereitgestellt. Ruths Vater ist Grillmeister.

Nach dem Essen gehen die Grossen aufs Port. Sie geniessen die schöne Aussicht und plaudern zusammen. Die ganze Kinderschar spielt und lärmt um die Alphütte herum. Bäri, der sonst immer und überall mit dabei ist, verkriecht sich in die hinterste Ecke. Heute ist es ihm entschieden zu laut.
Plötzlich sagt jemand auf dem Port: «Wo sind denn unsere Kinder? Man hört überhaupt nichts mehr von ihnen. Machen sie wohl etwas Dummes?» Natürlich machen sie nichts Dummes. Sie sind nur dabei, ein Brot, einen Butterballen und ein Glas Konfitüre zu verzehren. So gute Bergluft macht Hunger. Ruth darf für einige Tage dableiben.
Nachdem die üblichen Abendarbeiten verrichtet sind, setzen sich alle um den Tisch vor der Hütte. Man hört die Kuhglocken bimmeln. Die Sonne scheint nur noch an den höchsten Bergspitzen und verschwindet auch dort langsam. Im Tal unten beginnt es zu dunkeln. Alle geniessen den Abend und denken, wie schön es doch hier oben ist.

Schweine und sonst allerlei

Der Wetterbericht verspricht einige schöne Tage. Tät ist gleich nach dem Melken ins Tal gestiegen. Er hat noch einige spätere Wiesen zu heuen. Er kommt am Abend nicht hoch und so bewältigen Mueti und die Kinder gemeinsam den Alpalltag. Mueti käst. Die Kinder verrichten auch allerlei Arbeiten. Stefan füttert die Hühner und findet wieder einmal Müni nirgends. Sarah und Kilian waschen das Melkgeschirr. Nachher holt Kilian Holzscheite in die Küche. Sarah hilft beim Zubereiten des Mittagessens. Der Käse ist nun fertig und wird in zwei Formen gepresst. Die Käsemilch, die übrig bleibt, wird den Schweinen verfüttert. Sie grunzen schon heftig nach ihrem Futter.

Am Nachmittag pflegt Mueti den Käse im Käsekeller. Die Kinder schlendern zum gestauten Weiher hinüber. Sie haben sich ein Floss zusammengenagelt und wollen sich als Flösser versuchen. Nach einer Weile kommt Stefan pflotschnass, heulend und pustend zu Mueti gerannt. Er ist in den Weiher gefallen. Sarah hat ihn schnell herausgeholt. Mueti nimmt den schreienden Burschen, stellt ihn unter die Älplerdusche und verbietet ihm strengstens, sich diesem Tümpel zu sehr zu nähern. Der Nachmittag ist schnell vorbei. Schon ist es Zeit, die Kühe zu melken, sie hinauszulassen und den Stall zu entmisten. Der Mist wird auf den Raupentransporter geladen und auf die Weide geführt. Die Kinder haben Bedenken, ob Mueti das auch könne, und geben ihm Ratschläge, wie Tät es mache. Es muss schmunzeln.

Am nächsten Morgen steht Mueti früh auf, um mit Bäri die Kühe zum Melken zu holen. So beginnt ein arbeitsreicher Tag. Alle sind froh, als Tät mit dem Heuen fertig ist und wieder auf die Alp kommt. Er berichtet, dass auch Müni unten im Tal war. Je nach Lust und Laune geht es hinunter oder steigt wieder hoch. Komisches Müni, das.

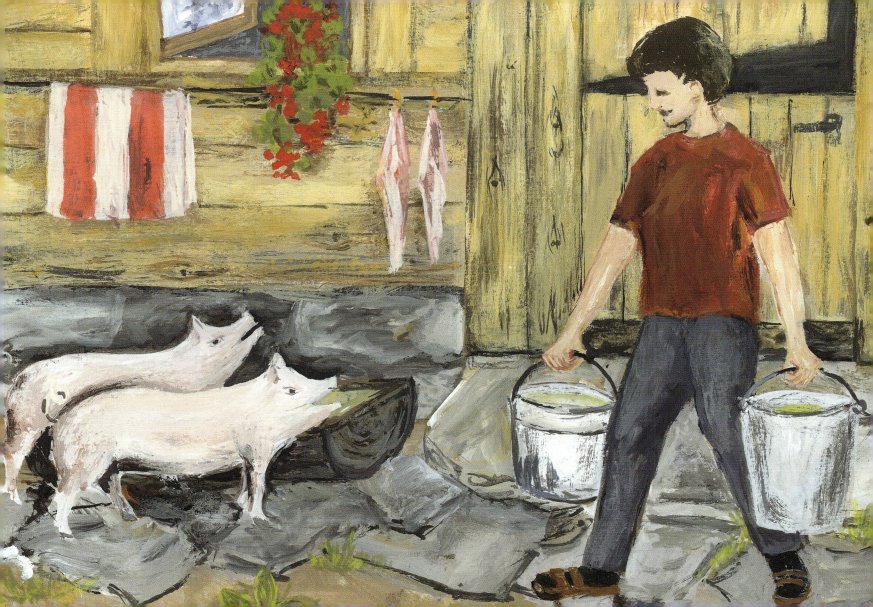

Gewitter

Irgend etwas liegt in der Luft. Unlustig stehen die Kinder herum. Wegen nichts fangen sie zu streiten an. «Was ist los?», ruft Mueti hässig und Tät findet, es sei so ein Tag zum Disteln roden. Er nimmt seine Kinder mit. Disteln roden; an diesem düppigen, selbst auf dieser hohen Alp heissen Tag. Der Schweiss läuft einem schon nur beim Gehen von der Stirn. Die Laune wird dadurch nicht aufgebessert. Oh, es wird ein Gewitter geben, denkt sich Tät. Er schaut sich um und sieht weit hinten im Westen, wie sich dunkle Wolken zusammenballen. Sie kommen rasch näher. Beim ersten Donnergrollen geht er mit seinen Kindern in die Hütte zurück. Das Gewitter erreicht nun die Alp. Es wird fast finster in der Stube. Dann beginnt der Regen auf das Hüttendach zu prasseln, dazu blitzt und donnert es, in einem fort. Man versteht einander kaum noch. Die ganze Familie ist recht still. Endlich zieht das Wetter weiter, ins Tal hinaus. Die Fluh oben ist richtig weiss. Dort hat es gehagelt. Das Bächlein zwischen den Hütten ist zum reissenden Wildbach geworden. Er kann nicht mehr überquert werden. Andi ruft Kilian von drüben etwas zu, aber der versteht kein Wort. Mitten in der Nacht geht es noch einmal los. Sarah und Kilian fahren in ihren Betten hoch. Es scheint, als krache der Donner direkt über ihrem Dachstübchen, dazu trommelt der Regen aufs Dach. Sie fürchten sich. Beide sind froh, als Tät sie hinunterholt. Sie kuscheln sich zu den Eltern ins Bett und fühlen sich dort wohl und geborgen, und das Gewitter verliert seinen Schrecken.

Am Morgen regnet es noch. Selbst die kleinsten Bächlein sind angeschwollen. Die Kühe müssen aber trotzdem zum Melken geholt werden. Dabei werden die Kleider ganz nass. Zum Glück gibt es in der Stube einen warmen Ofen. Obenher ist eine Leine gespannt und die Kleider können dort zum Trocknen aufgehängt werden. Selber höckelt man auch gerne auf den warmen Ofen.

Auf dem Schafläger

«Wir müssen wieder einmal nach den Schafen schauen», sagt Tät nach dem Mittagessen. Sarah und Kilian wollen sofort mit. Stefan will lieber zu Hause bleiben. Die älteren Geschwister machen immer so lange Schritte, dass er fast rennen muss. Kilian geht noch schnell Andi holen, dann brechen sie auf. Sie wandern zuerst in die Kumme, um festzustellen, ob die Gustis wohlauf sind, und streuen auch an verschiedenen Stellen Salz. Sie wandern weiter, Richtung Schafläger. Jetzt bedeutet ihnen Tät, leise zu sein. Es könnte sein, dass auch Gämsen dort äsen oder Murmeltiere anzutreffen sind. Über den nächsten Hügel, von dem man dann schön über das ganze Läger sieht, schleichen sie nur noch. Und wirklich, ganz nah steht eine Gämse da. Etwas weiter hinten hält ein Murmeltier Wache. Sie legen sich auf den Bauch und beobachten die Tiere. Plötzlich ertönt ein schriller Pfiff. Das war das Murmeltier. Es verschwindet behände in seiner Höhle. Erst jetzt bemerken die Beobachter den Adler, der seine Kreise immer näher zieht. Sie schauen noch eine Weile zu, dann stehen sie auf. Sie wollen ja zu den Schafen, die weiter hinten sind. Die Gämse flieht davon und der Adler verzieht sich nordwärts. Kilian ruft: «Bianca, chum, chum, hälä, hälä!», denn er weiss, wenn Bianca kommt, folgen ihr die andern nach. Die Schafe drehen die Köpfe nach ihm. Er geht mit seiner Salztasche langsam näher, ganz sachte, bis er bei ihnen ist. Bianca riecht das Salz und fängt an, ihm aus der Hand zu lecken. Er kann sie am Glockenriemen fassen und streichelt und wuschelt sie und ist stolz, dass sie ihn noch kennt. Nun marschieren Tät und die Kinder weiter, übers Grätlein. Ein klein wenig müssen sie auch klettern. Nachher erreichen sie ein richtiges Edelweissgärtlein. Tät kennt dieses Plätzchen schon lange. Sie pflücken nur ein Einziges von diesen seltenen Blümlein und bringen es Mueti heim.

Wieder im Tal

So schnell geht die Zeit vorbei. Schon ist die Alpzeit vorüber. Es war eine gute Alpzeit. Es hat nur einmal geschneit. Der Schnee war aber nach einigen Stunden wieder weg. Auch kein einziges verletztes Tier musste ins Tal geflogen werden. So gerne auch alle da oben sind, freuen sie sich gleichwohl, wieder hinunterzuzügeln. Mueti freut sich auf das gut eingerichtete Haus, Tät auf den geräumigen Stall und die Kinder auf ihre vielen Spielsachen. Sie müssen ausprobieren, ob sie noch genügend Kraft in den Beinen haben, um mit dem Velo den steilen Stutz hochzutrampeln. Ja, es geht. Und auch sonst müssen sie bei vielen Sachen schauen, ob sie noch ganz sind und funktionieren. Die Zeit in der Weide ist schon vorbei. Das Emd gedörrt auf der Heubühne und der Rest siliert. Das Vieh weidet nun auf der Hausmatte. Natürlich haben Schule und Kindergarten wieder angefangen. Sarah geht jetzt in die Oberstufe, zum Lehrer.
Dort ist es ein bisschen anders. Er hat ihr und Ruth gesagt, wenn sie weiterhin so viel schwatzen, dürften sie nicht mehr nebeneinander sitzen. Nun, er muss ja fünf Klassen miteinander unterrichten, da muss eine gewisse Ordnung sein. Statt zu reden, versuchen sie es jetzt eher mit der Zeichensprache. Das führt aber manchmal dazu, dass sie ins Kichern kommen, und Kichern unterdrücken ist viel schwieriger, als nicht schwatzen. Kilian sagt, er sei froh, gehe Sarah in die Oberstufe, so könne sie ihn nicht mehr immer zu Hause vertratschen, wenn etwas schief laufe.

Bald wird es wieder Winter

Nach der Schule wollen die Kinder an diesem klaren, schönen Spätherbsttag noch einmal draussen spielen. Kilian und Stefan tragen ihre Holzscheunen hinaus und stellen sie neben den Garten. Sarah stellt ihren Verkaufsladen auf die Terrasse. Sie hat einen schönen Laden, mit vielen selbst gebastelten Artikeln. Die Brüder kommen dann zu ihr ihre Einkäufe besorgen. Jeder kriegt ein kleines Geldbeutelchen mit Inhalt. Dass sie Sorge tragen zu allem, hat ihnen Sarah nachdrücklich beigebracht. Aber irgendwie will das Spiel nicht so richtig Spass machen. Sie bekommen sofort klamme Finger. Die Sonne scheint doch und trotzdem ist es kalt. Es dauert nicht lange und sie packen ihre Sachen wieder zusammen und räumen sie ins Haus, eilen in die Stube und setzen sich alle drei auf den warmen Stubenofen zum Aufwärmen. Ja, der Winter ist nicht mehr weit entfernt. Sogar Weihnachten rückt näher. Bald ist schon der erste Advent und die Weihnachtskrippe kann hervorgeholt werden. Sie wird sorgfältig ausgepackt und aufgestellt. Josef und Maria, in ihrer Nähe das Jesuskind in der Krippe, dann die knienden Hirten, die es anbeten. Mueti stellt auch einen Adventskranz her, mit vier Kerzen. Sollen die Kinder wohl schon Tannäste holen, um den Kranz zu flechten? Schneien wird es sicher auch bald und die Skier und Schlitten können wieder hervorgeholt und ausprobiert werden. Judihui!

Impressum

Verlag & Realisation
Weber AG Verlag
Gwattstrasse 125
CH-3645 Thun/Gwatt
www.weberag.ch/shop

Autorin & Zeichnungen
Katharina Zahler-Hari

Auflage
2000 Exemplare, Mai 2008

Mit freundlicher Unterstützung von:
Bauunternehmung Pieren & Co. AG, Adelboden; Gebrüder Hari AG, Adelboden; Zryd Sport & Mode, Adelboden; Bäckerei-Konditorei Lauber, Achseten; Restaurant Alpenblick, Adelboden; Schuhhaus Brunner, Adelboden; Restaurant Wildstrubel, Adelboden; Photo Klopfenstein AG, Adelboden; Hotel Waldhaus-Huldi, Adelboden; Trudi & Martin Hari, Adelboden